即興演奏 12のとびら
音楽をつくってみよう

イラスト・装丁 トナカイ フサコ

即興スペシャリストからのメッセージ

はじめに

「音楽がわからない素人からの質問として聞いてほしい。一般の人に作曲を易しく教えることができないだろうか？ 素晴らしい曲が作れなくてもいい、どうやったら曲を作れるのか、そういう楽しさや方法を考えてみたらどうだろう」
随分前のことです。一緒に散歩していた父が、私に言いました。

「ええっ、誰でも作曲できるように？」それを聞いたとき、私はそんなことは無理、と思いました。作曲には音楽的知識、センスが必要だし、いきなり作曲なんて。「それは難しいと思うよ。作曲はそもそも、教えられるものではないと思う」と答えたのでした。
ですが、その問いはずーっと何年も私の中に生き続けていました。
専門家も、生まれたときから専門家だったわけではありません。その道に興味を持って、やっているうちに夢中になって、気がついたら趣味に、いつしかプロになって……というプロセスがあります。その最初の、興味が持てる入り口の形や、楽しめる方法を考えることなら、私にできるかもしれない！ と思うようになりました。
一般の人にも子どもにも「音楽を作ってみたい！」と思ってもらえる切り口は？
いきなり1曲作って楽譜に仕上げるのは敷居が高いでしょうが、その元となる“音楽の種”（ちょっとしたメロディやフレーズ、リズム等）を見つけて、自分らしく即興的に表現してみることが入り口だとしたら？ 楽譜に書かずとも、鼻歌でも、ハーモニカや縦笛でもいい、音が生まれる心地よさを体験しているうちに、沢山の発見があるのでは。書けるなら書けばいい。録音してもいい。合奏してもいい！
いつの間にか私は子どもたちや保護者に作曲や即興のワークショップを、ピアノの先生のクラスで即興やアドリブを取り入れ、「楽譜を見て弾くだけじゃもったいない。あなたにも曲は作れるし、即興演奏、アドリブだってできる！」と講演するようになっていました。父の言葉は偉大でした。しかもこの本で扱う12のテーマには、音楽のしくみや形の美しさ、響きの美しさを知るための要素が満載。実践して得られる知識と耳力と度胸は、人生を生き抜く大切な宝物となるでしょう。

『即興演奏 12のとびら』は12のレッスンを1年でマスターできます。例えば1カ月に1レッスン（中は4つに分かれているから、毎週1つずつ！）進めば1年。❶ではレッスンテーマに興味を持ってもらい、❷で少し詳しく、❸では実践、❹で応用！ と段階的に進みます。年齢や理解力によっては ❶だけでも、❷まででもよし、レッスン12まで進んだら、2周め、3周めと繰り返してらせん階段状にレベルアップできます。1周した後は、レッスン1が違って見えるから不思議。既成の曲もいつの間にか分析できる力がついて、先生も驚かれることでしょう。毎週1ページでまずは1年、力がつくのを楽しみにしてください。書く欄は宿題にも最適です。

『即興演奏 12のとびら』と名付けたのは、それが作曲の入り口でもあるからです。まずは音楽が生まれる瞬間を楽しみ、鼻歌を堂々と歌い、即興的な閃きを楽しみましょう！
あなたは、「12のとびら」のどこがお気に入りになるでしょうか？

2019年夏　　　　樹原涼子

大人の皆さんへ
「即興演奏、アドリブってな～に？」

まずは、大人の皆さんへ、即興演奏、アドリブとはなんぞや、というお話と、この本は何を目指しているかという話をさせてください（お子さんは、レッスン１からスタートしてくださいね！）。

「クラシックにアドリブは関係ない」「ジャズのアドリブって訳わかんなーい」と思っている方もご覧ください。

即興演奏やアドリブはクラシック以外の音楽専用だと思っている方が多いのですが、元々はクラシックの楽語です。作曲家の立場で言えば、即興的な閃きを作品にする行為が作曲であり、演奏家の立場で言えば、アドリブ的な発想は演奏の際に常に必要なものです。

ソナチネやソナタ、コンチェルトの中にも「*ad libitum*」の指示が多用されているのをご存知ですか？ これはバッハ、モーツァルト、チャイコフスキーはじめ多くの作曲家が使ってきた手法であり、よく使われる楽語です。音楽のフィールド、時代、使う人によって、即興、アドリブにまつわる言葉遣いのニュアンスは異なるので、ここでは、私なりに解説してみます。

improvisation　インプロビゼーション

即興演奏。楽譜に頼らず、心のままに溢れるアイディアを、その場で即興的に演奏すること。曲全体が improvisation の場合も、曲の一部の場合もある。アドリブと異なる点は、元になる音型やフレーズ、素材も演奏者が決定すること。

白状します。子育て奮闘中のピアノランドスクールの発表会で練習する時間が取れなくて、ラストのコンサートタイムの選曲に悩み「そうだ！ 即興演奏をしよう！」とまるまる１曲の improvisation をしました。人前での即興演奏は集中力を要しますが、やみつきになります。次はどんな展開が来るのか自分にもわからず、“行き先未定の旅行”をお客様と楽しみました。

この楽しさは、誰にでも味わっていただくことが可能で、そのために本書を書きました。レッスン１から、上記の「元になる音型やフレーズ、素材も演奏者が決定すること」を、楽しみながら少しずつマスターしていきます。お楽しみに！

ad libitum　アド・リビトゥム　（アドリブ）

ラテン語で自由にという意味。クラシックではカデンツァ（終結部）によく用いられる（譜例１）。ジャズやポップスなどでは、小節数、コード進行が決められた中で、元メロを生かしつつ自由に演奏することが多い（譜例２）。

クラシック音楽の中の「アドリブ」

譜例１　モーツァルト《ピアノ・ソナタ》KV.333 第３楽章より

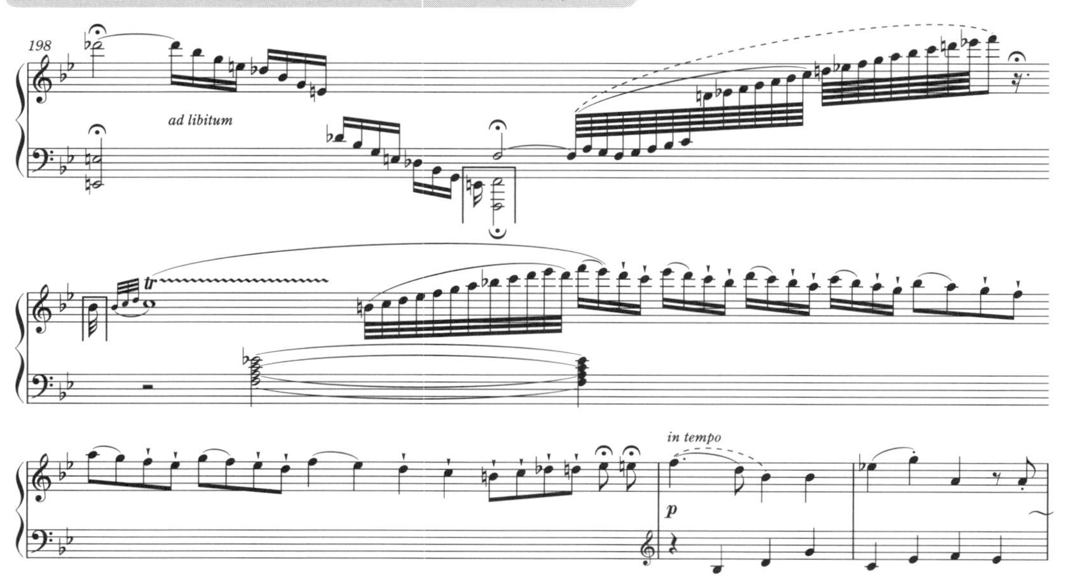

198 小節、つまり、*ad libitum* と書いてある長〜い１小節（*in tempo* の手前まで）をご覧ください。「長さも演奏内容も自由ですよ」なんて、モーツァルトも太っ腹！ ですが、これは当時の習慣で「カデンツァの部分は奏者の好きに弾く」ということを、奏者も聴衆も共に楽しんでいたのです。当時、作曲と演奏は分業しておらず、楽器を弾く人ならある程度即興的に演奏することができました。カデンツァの違いを毎回楽しむなんて素敵ですね。

ad libitum なのだから音符を書かなくてもいいはずですが、それまでの流れを生かし、次のセクションに自然につながるカデンツァの手本があるのは、なんて有り難いことでしょう。

このまま演奏する場合でも、「まるで今そこで思いついたかのように生き生きと弾く」ことが大切です。驚きや喜びを感じさせる、瑞々しい演奏を目指しましょう！

ad libitum に挑戦する方は、時代様式や楽章の雰囲気に合わせて、カデンツァらしい華やかさが出せるように頑張りましょう。「ひえ〜、難しい〜」と思った方も、大丈夫。このテキストを最後まで遊び倒していくうちに、「あれ、カデンツァ考えるの楽しい！ まぁ、だいたいスケールとアルペジオとトリルの音型でできてるわけだから……」なんて、ウキウキしてくるはず。忘れてはいけないのは一つだけ。この小節は全て属七のコード「F7」だということです。次へいくためのちょっと大げさなドミナントモーション（属七からの解決）のお遊びなんです。

アドリブには、ちょっとした知識と“遊び心”があればいい♪

ジャズやポップスのアドリブは、フェイク（真似っこ）から！

ジャズやポップス等では、あるセクションのコード進行を繰り返し、ハーモニーを生かす形でのアドリブが多用されます。メロディをフェイク（模倣）させながらどんどん自由になっていくことが多く、どのセクションでアドリブをするか、どの楽器がソロをとるか、何人で回すか等は、その時々に決められます。

譜例２

譜例２は２小節の循環コードが続く場面で、はじめの２小節はメロディが指定され、つづく小節は *ad libitum* の指示です。3、４小節は元のメロディを「フェイク」して３連符を使った例ですが、実際の現場ではこのような手本があることは稀ですから自分なりに頑張って！

この本では、シンプルに楽しく、鼻歌風にフェイクを経験していきます。

impromptu　アンプロンプチュ

即興曲。自由な形式の楽曲。シューベルト、ショパンなどの作品が有名で、即興的な要素を含む小品として愛されている。形容詞では、即座に、準備なしに、の意。楽譜通りに演奏するが、即興的に生まれた意を汲んで表現することが大事。

ここで紹介した３つの楽語は「譜面から自由になる」喜びに溢れた言葉です。構築された美とは対極にある、偶然性を重んじた芸術の一つの形と言えます。

「自由」にも、「全て自由」「部分的な自由」「表現上の自由」まで、様々な方法やニュアンスがあります。そして、そもそも即興には「正しいかどうか」という評価がありません。「ステキかどうか、カッコいいかどうか、ふさわしいかどうか」ということはあります。即興演奏は本来、“その場で生まれる”ものですから、演奏する本人にも聴く人にもスリルがあり、その緊張感が両者の集中力を高め、場を熱くします。

「でも、準備なしに弾くなんて怖くてできな〜い！」と言う方は、「準備なしに弾くための準備をご一緒に！」（笑）。そう、あり合わせの料理を作るためには、冷蔵庫をいろんな材料でいっぱいにしておきます。

この本は、あなたが音楽を生み出す瞬間を楽しむための“12 のとびら”を用意しました。この本を終えると、音楽の仕組みや特徴を観察する視点が獲得できて、いつのまにか楽曲の分析まで楽しい♡というステキなおまけが付いてきます。

1 オノマトペで遊ぼう！

（ルビ：レッスン）

「ぽっつんぽっつん、雨が降る」とか「パンがふっくら焼けた」とか、音をまねたり、様子を表す「オノマトペ」と言われるものがあります。楽しい言葉をヒントに、音楽をつくってみましょう！

1 いろんな「オノマトペ」を探そう！

オノマトペって
5回言ってみて！

オノマトペ
オノマトペン
オノマトペトペト…あれっ？

1 **声や音**を表すオノマトペをさがしましょう。みつけられるかな？
例）ぶくぶく　ピンポーン　ザーザー　ガタンゴトン

2 **様子**を表すオノマトペもみつけてね！
例）ピカピカ　くりんくりん　ねばねば　カチンコチン

3 **気持ち**を表すオノマトペもあります。
例）イライラ　うっとり　ドキドキ　ワクワク

解説　即興演奏、アドリブ、作曲等、音楽を作ることに興味を持たせる第一番目の扉は「オノマトペ」（【英】onomatopoeia【仏】onomatopée）。音を表す擬音語、様子を表す擬態語、その他日本語にはオノマトペが豊富にある。そのイントネーションや表情をヒントに、音型と結びつけていく。

2 「オノマトペ」を音型にしよう！

1 考えたオノマトペからお気に入りを選び、イントネーション（高さの変化）を矢印で書きましょう。

お気に入り

例）ぺちゃくちゃ

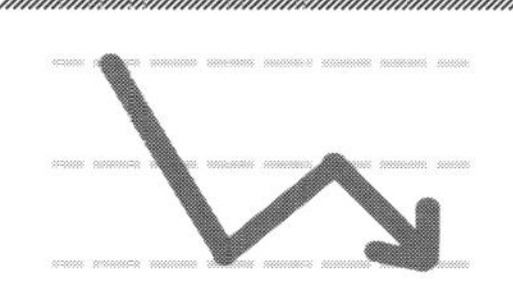

2 矢印を参考に、ちょっと大げさに歌ったり、ピアノで弾いたりしてみましょう！
いろんな言葉のような音型が生まれますね。書ける人は、楽譜に書いてみましょう。

例）

あなたのお気に入りのオノマトペを音型にしよう！

子どもが選んだオノマトペを、イントネーション↗↘を生かして音型に置き換える方法を体験させる。
1 では、言葉のエネルギーを音高で感じ取り、2 ではオノマトペから自由に音型を生み出していく。
○も×もなく、どう感じたかを歌ったり弾いたり書いたりする。宿題にするとよい。

3 オノマトペをメロディにしよう！

1 オノマトペのおもしろい並べ方、くり返し方を考えましょう。たとえば……

例1）音型を、そのまま好きなだけくり返す

例2）音型ごとに1音上にスライドしてくり返す

例3）音型のはじめの音を、だんだん高く跳躍（ちょうやく）（はなれた音にとぶ）していく

2 それでは、あなたのお気に入りのオノマトペ、音型を選んで、並べ方のルールを決めましょう！　歌ったり、弾いたり、書きとめたりしてね。

みんな違って
おもしろいね！

オノマトペを並べるときにちょっと工夫をするだけで、音型がフレーズ、メロディへと発展する。言われたことではなく、自分の頭でルールを考えて面白くしていくことが大切。既成の曲も「誰かがこの音型を元に作ったんだな」「面白いルールだ！」と発見できるように育てていく。

4 つなげてフレーズをつくろう！

1　文字は音符、言葉は音型、文はフレーズ、物語は曲にあたります※。

※『ピアノランド たのしいテクニック㊥』レッスン３「音楽のことば」参照

例１）「ペチャクチャ」から思いつく言葉をつなげて、そしてオクターブ上の音型から↘

例２）ペチャクチャをだんだん高くしてくり返し、途中で裏返しにする

2　オノマトペをいろいろなルールで並べて、フレーズをつくりましょう。

レッスン１のまとめ

親しみやすい「オノマトペ」を利用して音型を考えると、生き生きとした命を持った音型やフレーズが生まれます。

いくつかのオノマトペを並べると、たちまち曲らしくなる面白さを味わう。語感やイントネーションを大切にして、センスを磨く。※『ピアノランドたのしいテクニック㊥』では、音符は文字、音型は言葉、フレーズは文、曲は物語と例えて音楽の語法を学ぶので参考に。

レッスン

2 五音音階の世界

ごおんおんかい

たった５つの音だけでもステキな音楽がつくれます。
世界にはいろいろな「五音音階」があるので、自分だけの五音音階や日本の五音音階で遊んでみましょう。

長音階から５つの音を選んで遊ぼう！

長音階を歌ってみましょう。７つの音でできているよ。

長音階７音

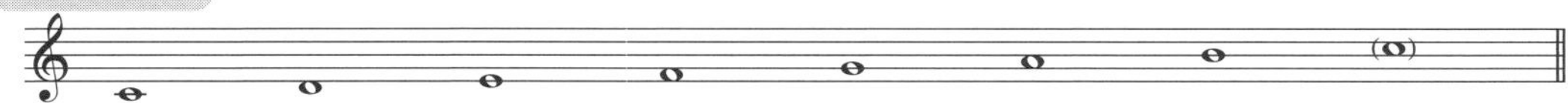

1 長音階を歌って、弾いて、そこから５つの音を選びましょう！ 何でも OK ですよ。

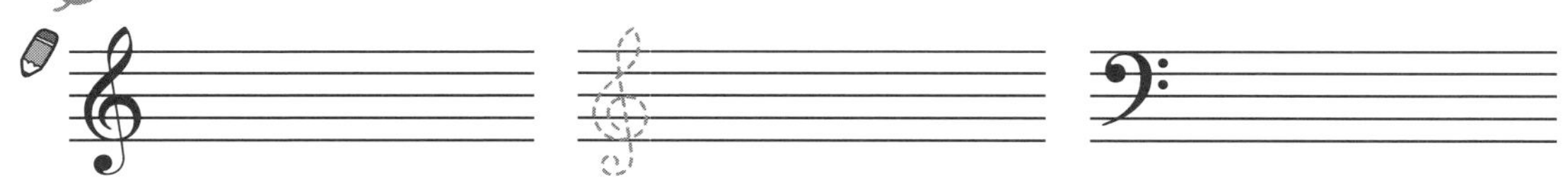

2 選んだ５音のどれかを使って、音を動かして遊びましょう！

たとえば を選んだとして↗↘で遊んでみると…

3 1 のどれかを使ってメロディを書いてね♪　五線ノートにもいっぱい書いてみてね！

少ない音数で独特の世界観を表すことができる五音音階に親しむ。日本にも世界にもいろいろな五音音階があるが、1ではまず、馴染みのある長調から好きな音を５つ選んで遊んでみる。選んだ音によってガラリと雰囲気が変わる面白さを経験する。𝄞でも𝄢でも好きな高さで表そう。

半音階から５つの音を選んで遊ぼう！

半音階を歌ってみましょう！

半音階 12 音

1　半音階からも、５つの音を選んでみましょう。たとえば、はじめの５音を使ったら…

組み合わせをおもしろくすると、楽しい〜！

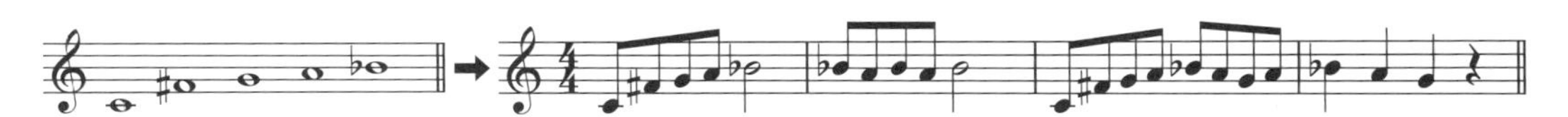

2　半音階から５音を選んで、メロディを歌ってみましょう！

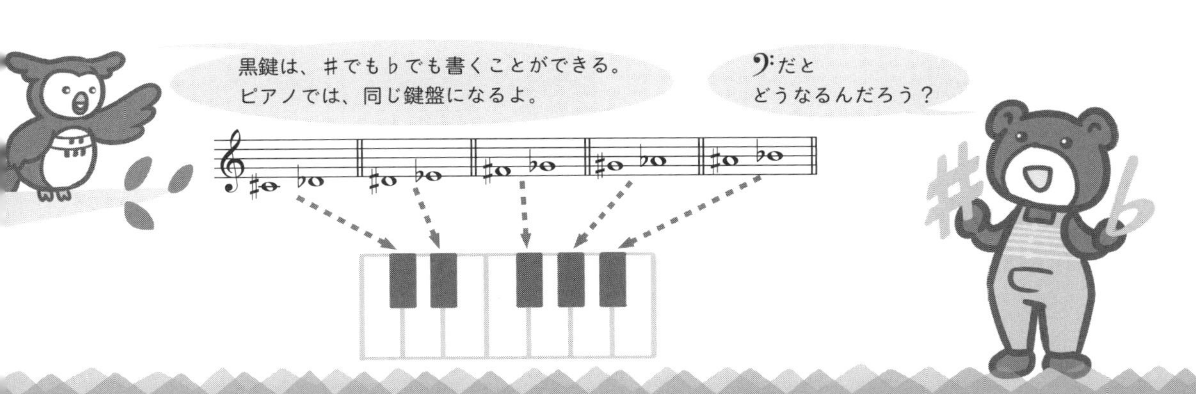

半音階はピアノでの音程の最小単位。#や♭の用い方と鍵盤との対応を覚える。ここでは半音階から５音を選び面白い組み合わせを工夫する。黒鍵だけ、白鍵だけの五音音階も可。半音階を使った即興はレッスン５に、半音階の詳細は『ピアノランド　スケール・モード・アルペジオ』（音楽之友社）参照。

有名な、２つの五音音階を弾いてみよう！

五音音階は、“決まった音の飛び石”だと思うと楽しく演奏できます。
はじめは決まったポジションに手を用意して、思いつくまま歌ったり、弾いたりしてみましょう！　気に入ったら書いておいてね！

たくさんの石の中から５つだけ選んで、
それだけをぴょんぴょん飛んでね！
おっこちないでね～♪

ヨナ抜き音階　長調の４番目ファと７番目シを抜いた音階という意味です

片手の指づかい

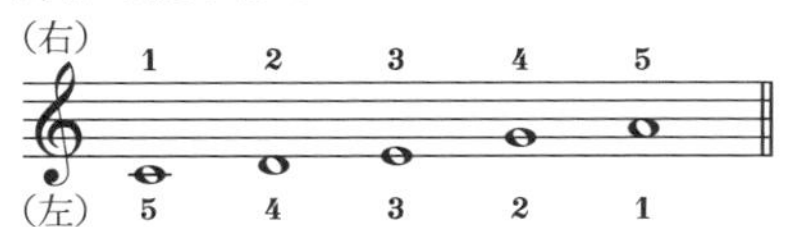

両手で分ける指づかい

好きな指づかいで遊んでね！　拍子や小節線はなくても大丈夫。

マイナーペンタトニックスケール　短調の五音音階という意味です

片手の指づかい

両手で分ける指づかい

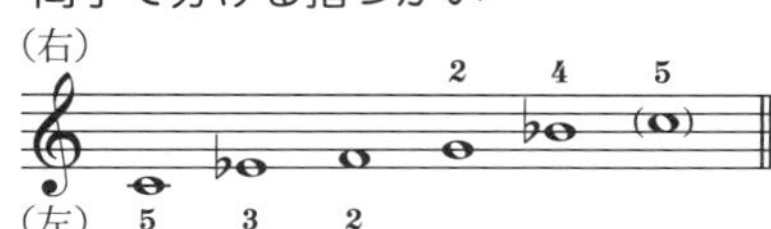

どっちが好き？　書いても書かなくてもOK。歌でもピアノでもほかの楽器でも♪

わたしはヨナ抜き！

ぼくはマイナー
ペンタトニック！

よく使われる有名な五音音階を２つ覚えて使えるようにする。スコットランド民謡で使われる「ヨナ抜き音階」は、明治以降日本で盛んに使われてきた。「マイナーペンタトニックスケール」はアドリブに適しており、ブルース、ジャズ、ロック等でよく使われている。

4 日本の五音音階を弾いてみよう！

日本の五音音階を弾いてみましょう。片手でも両手３本指でも、４本と２本でも、弾きやすい指づかいで。気に入ったメロディが浮かんだら、メモしておきましょう。

レッスン２のまとめ

少ない音だからこそ楽しめる五音音階。
いろんな種類があったね！

日本の五音音階に親しもう。マイナーペンタトニックスケールと民謡、わらべ歌の音階は構成音が同じだが、使われる楽器や雰囲気が違うために気づかない人も多い。五音音階をきっかけに、他の国々の五音音階や日本の音楽への興味を広げていくとよい。

レッスン 3 コードの響き

ドラマやゲーム音楽の和音（コード）を聴いて、ワクワク、ドキドキした経験はありませんか？　それは「コードの響きの力」で心が動くから。さあ、耳をすませて、心を動かしましょう。

1 コードの響きにひたろう！

1 C（シー）のコードを、先生に弾いてもらいましょう。目をとじて、どんな響きだったか、その感じを言葉にしてね。絵でもOK！

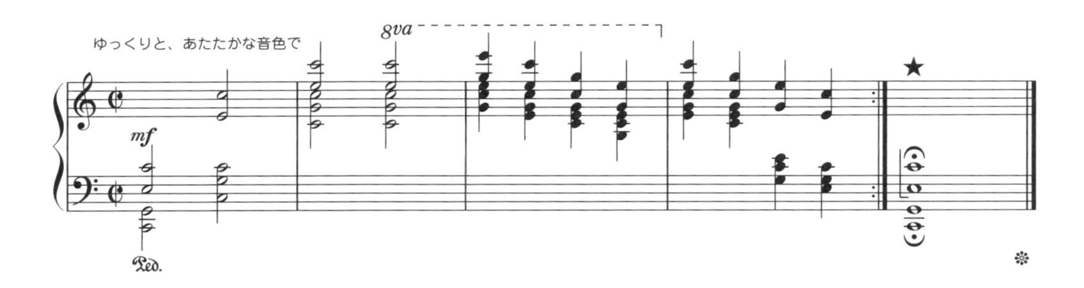

2 次は、Cm（シー・マイナー）のコードを先生に弾いてもらいましょう。CとCmは、どんな風に感じが違うかな？

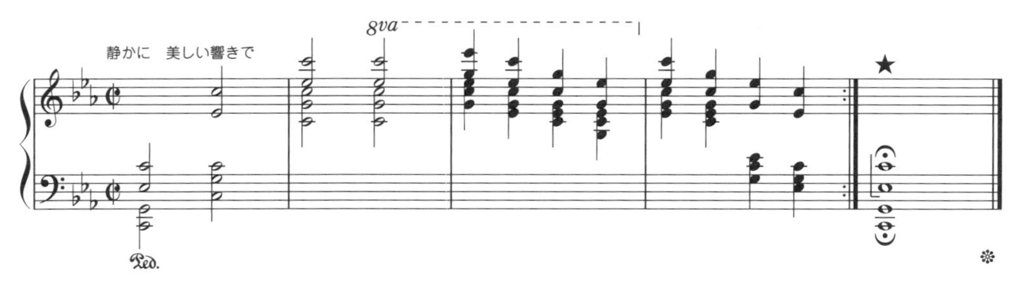

※レッスン3のコードの例はすべて『耳を開く 聴きとり術 コード編』（音楽之友社）より

コードの響きに浸る経験をする。CとCmの響きを味わい、自分の言葉でその違いを表現できるように。次ページで「音楽は響きの中から自然に誕生する」ことを知るための準備として、コードの名前、響き、イメージを明確に結びつけて、引き出しに入れておこう。

2 Cの響きから浮かんできた音は？

1 目を閉じてCのコードを味わい、ひたりましょう。
コードの響きを聴いているうちに、ふっと音楽が鼻歌のように生まれてくることがあります。ピアノで最後のコードを伸ばしているとき（★）、思いついたメロディを歌ってみましょう。思いつかない人も大丈夫！　たとえば次のようにやってみましょう。

2 Cの「ドミソ」の中から好きな音を選んで、長～く伸ばして歌ってね。
歌っているうちにほかの音にいきたくなったら、動いてみてね♪

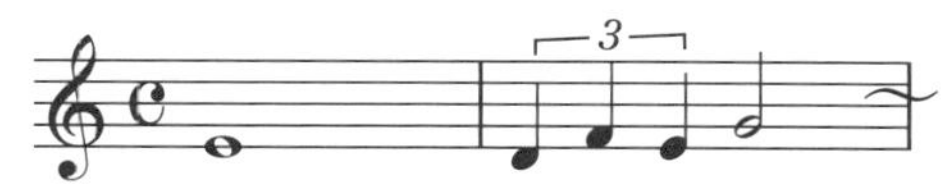

3 こんどは、はじめの音を「レラ」から選んで、★のときに歌ってみましょう。
動きたくなったら、自由に動いてみてね！

4 何の音でもいい、動いても動かなくても、Cのコードを聴きながら、音で遊んでみてね！（歌でも楽器でもいいよ～）

ステキだね！

Cの響きを味わい、その中から生まれてくるメロディの芽をキャッチする練習。2 ではコードトーンを思い浮かべ、3 では 9th 6th を思い浮かべ、4 では自由な発想で音の動きを思い浮かべる。即興やアドリブや作品は、コードの響きが背景にあることを知ろう。

3 Cmの響きから 浮かんできた音は？

1 目を閉じてCmのコード（p.14）を聴きましょう。
Cmの響きを聴いているうちに、歌いたい音が生まれてきた人はいませんか？
ピアノで最後のコードを伸ばしているとき（★）、浮かんできたメロディを歌ってみましょう。

2 「ドミ♭ソ」の中の好きな音を選んで、長〜く伸ばして歌ってね。歌っているうちにほかの音にいきたくなったら、動いてみてね♪

3 Cmのコードを聴きながら、ドレミ♭ファソの5つの音（五音音階！）を使って、↗↘や休符を使って遊んでみましょう。気に入った音は長く味わってみてね！

1 Cmに合う音を自分で見つける練習。2 コードの構成音からメロディを作る練習。3 Cmの音階のはじめの5音を自分で動かして遊ぶ練習（レッスン2「五音音階」の応用）。いずれも、コードにふさわしい音を見つけてかっこよく遊ぶための予備練習。短い、フレーズの断片でよいので、浮かんだら拍手！

4 いろんなコードの響きでアドリブ

1 Csus4（シー・サス・フォー）のコードを聴いて、響きにひたりましょう。どんな気持ちになったかな？

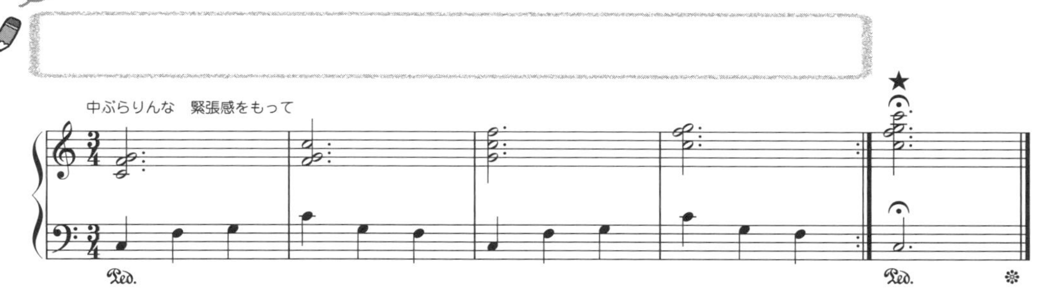

聴いているうちに歌いたくなったら、先生と代わりばんこに歌ったり、弾いたりしてね。

2 Cmaj7（シー・メジャー・セブン）のコードを聴いた気持ちは？　どんなメロディが浮かびそうかな？
歌ったり、弾いたり、五線ノートに書いたりしましょう。

ほかのおもしろいコードでも
遊んでみよう！

レッスン3のまとめ

コードの響き全体を聴いて味わうことが大事で、
そこからメロディが生まれるんだね！

このレッスンでは、『耳を開く 聴きとり術 コード編』の 12 のコードからよく使われる 4 つのコードの響きを聴いて、自然とメロディが生まれるのを「待つ」ことを学ぶ。メロディが動きたくなる内的欲求に耳をすますように、落ち着いて響きに浸り、真剣に“聴く”こと。

レッスン 4 アルペジオって万能！

アルペジオは、コードの各音を一つずつ順番に演奏します。
メロディにも伴奏にも使われるアルペジオは美しくて豪華な万能選手！
あなたもアルペジオの魅力にふれてみましょう。

1 アルペジオは、コードを分解してつくる！

1 たとえばCmのコードをいろいろに分解して弾いてみましょう。

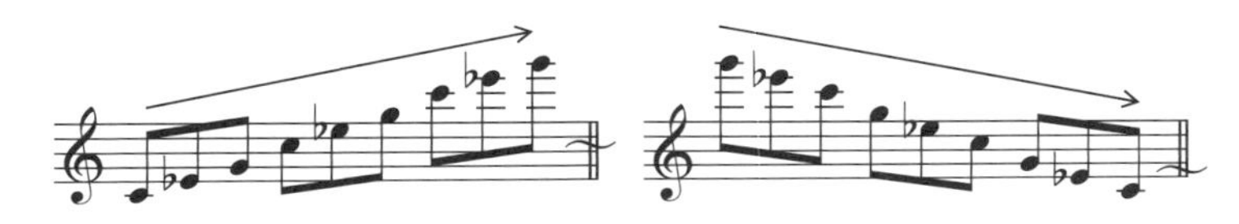

慣れたら、いろんな音域でね！

2 同じように、C6（シー・シックス）のコードからアルペジオをつくってみましょう！

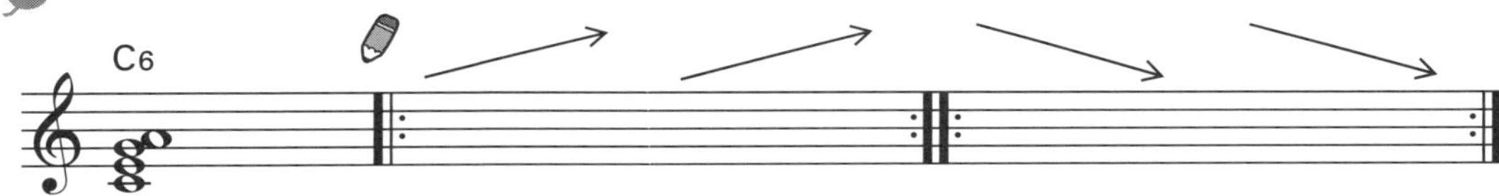

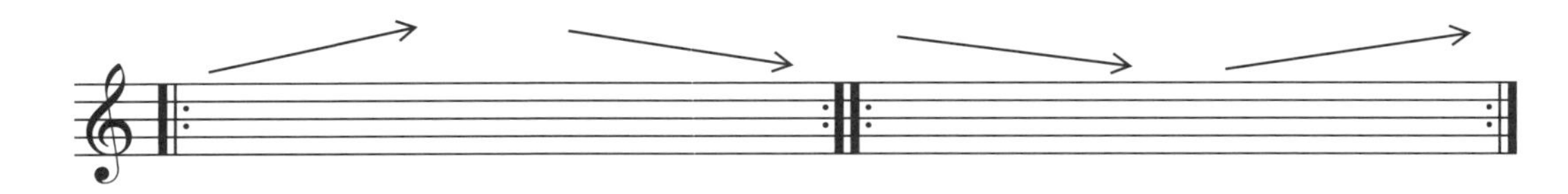

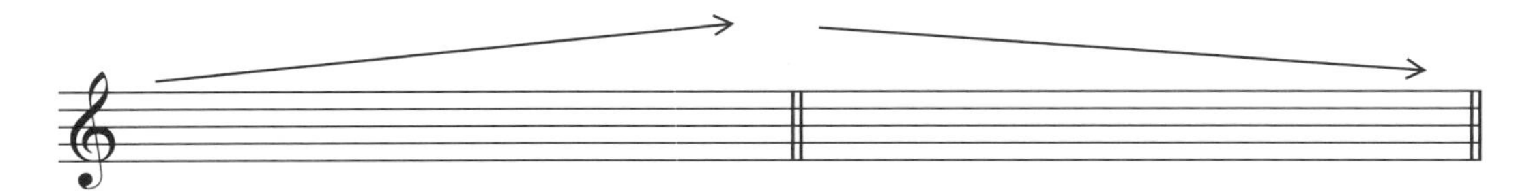

アルペジオ作りに慣れるために、1 ではCmを6通りのアルペジオにした例を弾く。片手でも両手のクロスハンドでもよい。美しいタッチとバランスでセンス良く弾くことを心がける。2 ではC6を自分でアルペジオにして書いて弾く。他のコードも宿題にしよう。

アルペジオの“ほぐし方”ジグザグ編♪

1 次は、コード C7（シー・セブン）をジグザグの音型にほぐしてみましょう。音型は↘下りながら、全体は↗上へ。例を聴いてみてね！

例）

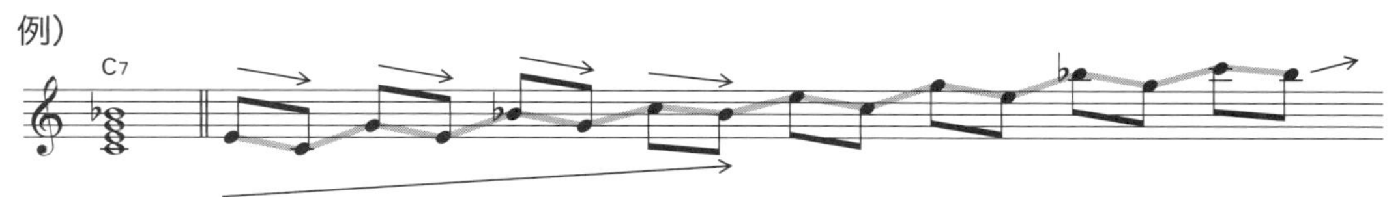

2 好きなコードで、1 と同じようにジグザグを考えてみましょう！

3 次は、音型は↗上りながら全体は↘の例です。A m（エー・マイナー）をほぐします。

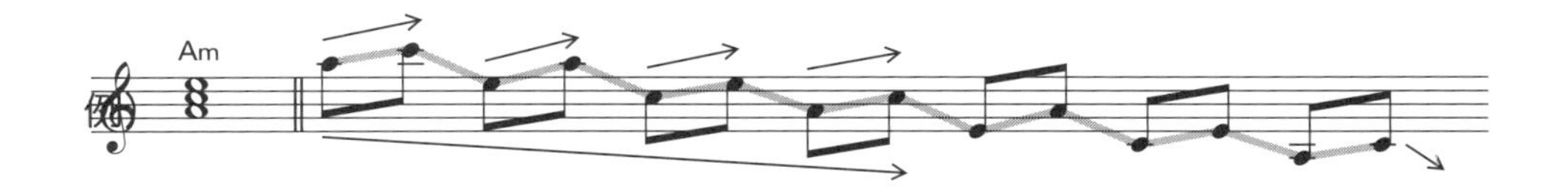

4 好きなコードで、3 と同じようにジグザグで↘下へいきましょう！

コードのほぐし方にもいろいろあって、同じコードでも音楽の性格を変化させることができる。音の順番を入れ替えて、動きの面白さを追求しよう。1 2 の音型は下行しながらフレーズは上行、3 4 はその逆。ジグザグアルペジオを見たら、元のコードを意識しよう。

3 アルペジオの“ほぐし方”デコボコ編♫

1 もっと複雑に、おもしろく、ほぐしてみましょう！　Cmの3つの音を山型＆谷型に並べて、大変身の例です。上手に弾けたら、ペダルも踏んでみましょう。

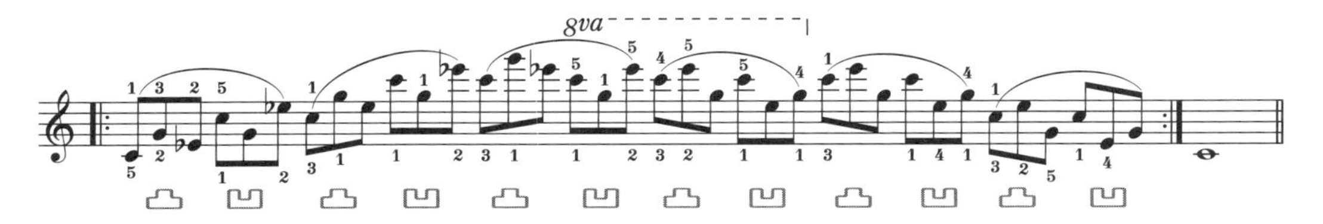

ベートーヴェン《ピアノ・ソナタ第14番》第1楽章より

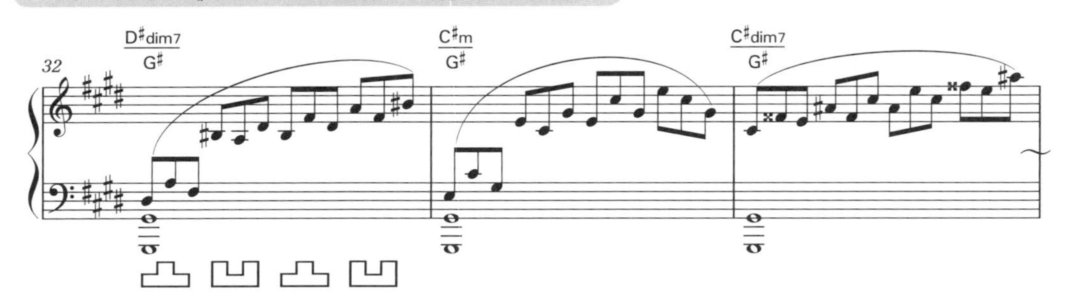

2 好きなコードを凸凹にして遊びましょう！
歌ったり弾いたり、書いたりしてみよう。ペダルもきれいに踏めるかな？

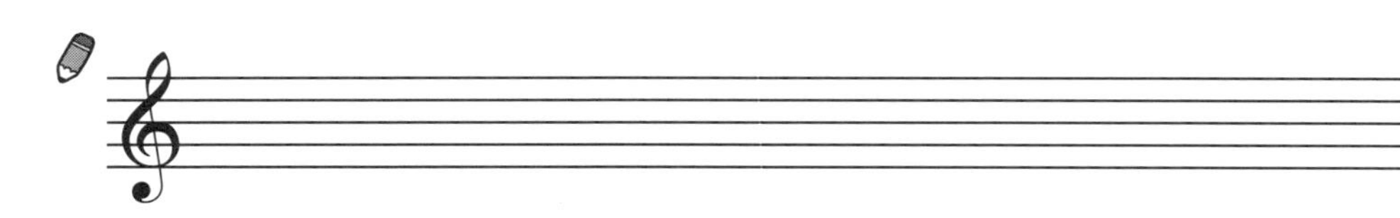

p.18ではシンプル、p.19ではジグザグ、ここではさらに複雑な凸凹にほぐす方法を楽しむ。はじめの譜例は『ピアノランド　スケール・モード・アルペジオ』p.51のアドリブ例。アルペジオの達人であるベートーヴェンの月光ソナタを真似て、ほぐし方を研究する。

4 アルペジオの別の顔

1 すばやく演奏する、波線のアルペジオもカッコよく使いましょう。
普通は下から上へ弾きますが、上から下のアルペジオもステキです。

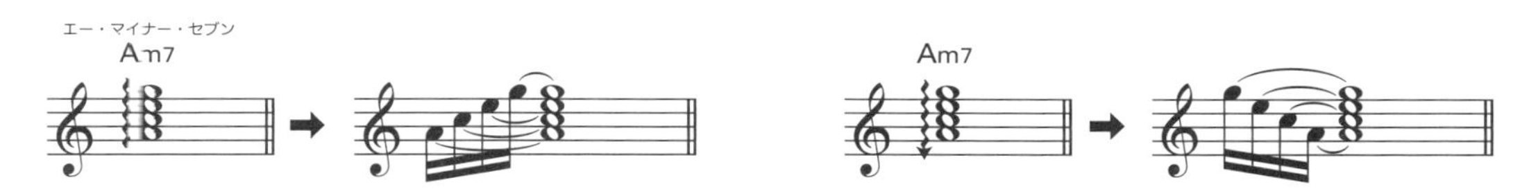

2 両手を使うと、ばつぐんにカッコよくなるから覚えよう！
好きなコードをアルペジオにしてみましょう！

1 のアルペジオはコードをさり気なく目立たせる効果、2 のアルペジオはさらに豪華な印象に。最後の例のようにポジションを変えて重なるように弾くアルペジオは、エンディング等で多用される。いろいろなアルペジオを即興的に、適材適所で使えるようになろう。

レッスン 5 かざる、ハモる、くっつく半音階(はんおんかい)

ピアノで一番せまい音程（音の幅）は半音です。レッスン２で半音階を歌いましたね！　半音が並んだ音階、半音階は、ちょっと不気味で、おもしろくて、そして便利です。

行き先の音を、半音階でかざろう！

1　Ｃのアルペジオ「ドミソ」のメロディに、半音階で飾りの音（装飾音）を入れましょう。

半音階って、
フリルみたいね♬

2　Am のアルペジオ「ラドミ」のメロディに、同じように装飾音を入れてみましょう！

3　好きなコードのアルペジオでメロディをつくり、手前に半音階の飾りをつけましょう！

いろんなアルペジオに
飾りつけしてね！
五線ノートにも

半音階を即興的、装飾的に使う方法を学ぶ。コードＣをほぐしたアルペジオを、半音階のいくつかの音で装飾する。臨時記号があってもコードとしてはＣである。同じことを Am や、好きなコードで真似てみる。あくまでも行き先の音のための飾りの音である。上から飾る方法もある。

2 半音階でハモるとカッコいい！

1 半音階は主役にもなれる！　ステキなハモリの曲を聴きましょう。

動物園は大さわぎ　『ピアノランド④』より　※原曲は連弾

2 半音階のメロディにハモリをつけてみましょう！

3度でハモろう！

6度でハモろう！

好きなようにハモろう！

3 自分で考えた半音階を使ったメロディにハーモニーをつけてみましょ♪

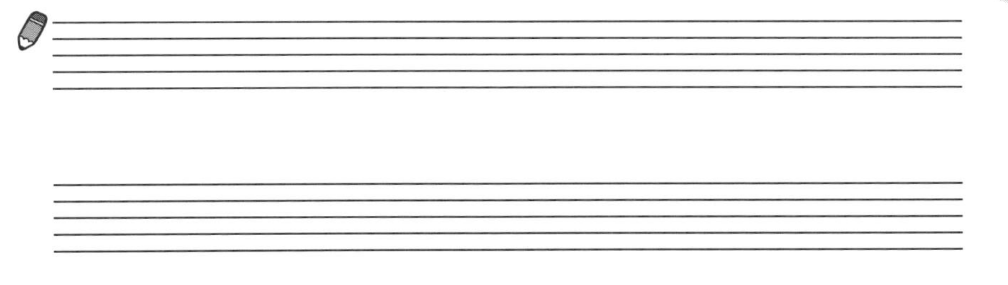

主役の半音階にハモるのも楽しい。「動物園は大さわぎ」冒頭は1、2小節めの半音階のメロディに6度のハモリが入るのが特徴（原曲は連弾）。2 では半音階のメロディにハモリをつける。ハモる音程を変化させ、ニュアンスの違いを楽しもう。

3 ときどき立ち止まる半音階、いいかも♡

1 半音階を好きな音から弾いてみましょう。４つ目の音に𝄐をつけて、好きなだけ立ち止まってみてね！

2 半音階で↗や↘を弾いてみましょう。好きなタイミングで𝄐、ジグザグで方向転換して遊びましょう！

3 半音階とフェルマータで、メロディをつくってみましょう！　できたら、ハモって遊びましょう。

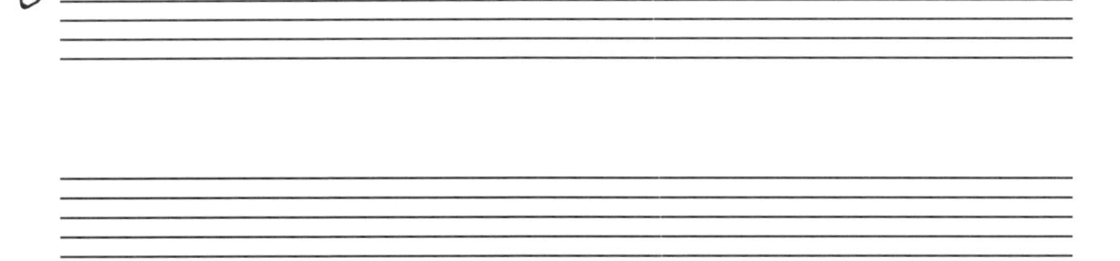

1 どこまでも伸びる半音階の途中に𝄐を入れて立ち止まってみる。思いがけない音楽的効果が楽しい。2 では半音階が𝄐で方向転換したりしなかったり。3 ではこれまでの応用を楽しむ。

4 半音階は、接着剤だ〜

1 次のメロディを歌ってね。さらに、跳躍した音（はなれた音）をポルタメント（無段階にぐい〜ん）で歌ってみましょう。

2 ピアノではポルタメントできないけれど、半音階を使って離れた音と音をつなげるよ！

3 跳躍したメロディを書いてみましょう。ポルタメントで歌ったり、半音階で弾いて遊びましょう。

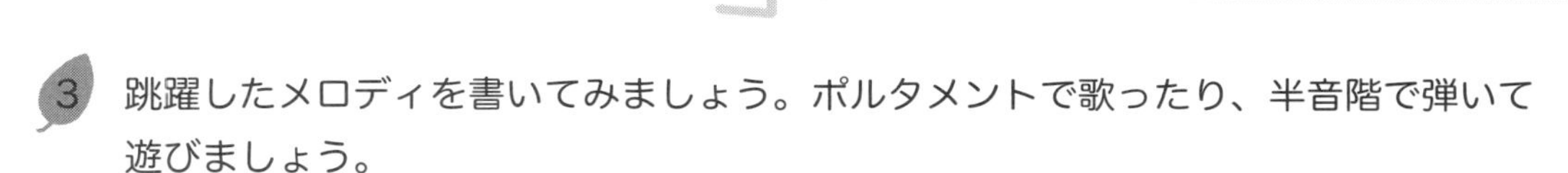

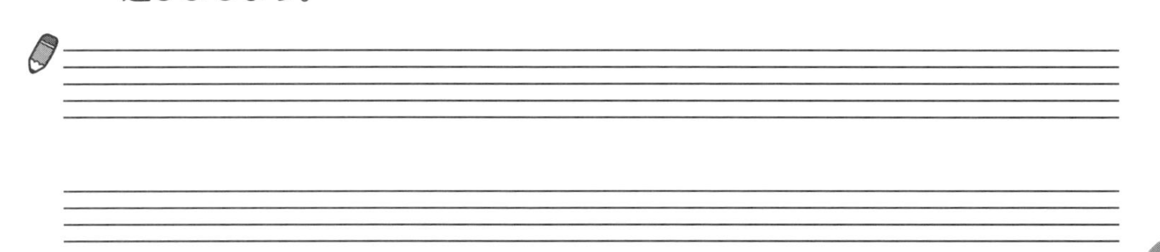

レッスン５のまとめ

半音階って装飾音、メロディ、ハモリにも
接着剤にもなる、すごいアイテムなんだね〜！

声や弦楽器ではできても、ピアノではできないポルタメント。それに近い効果を半音階で得る方法を学ぶ。半音階のしくみや練習方法は、『ピアノランド　スケール・モード・アルペジオ』参照。即興やアドリブで用いやすい「半音階」を上手に使おう。

レッスン

6 全音音階の魔法

ぜんおんおんかい

半音が２つで「全音」。全音だけをつなげた音階が、全音音階です。全音音階はとっても不思議でちょっとユーモラス。覚えたらすぐに使ってね！

2つの全音音階をつくってみよう！

1　ドから全音上の音を歌って、弾いてみましょう。次の音からも全音上、全音上、と次々に選んでいくと、１オクターブにいくつ音が並ぶかな？

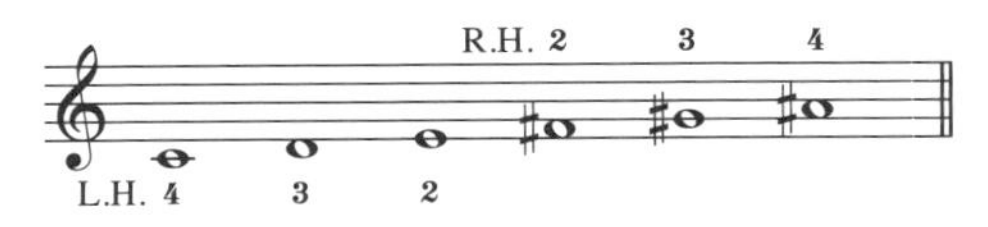

左手の４、３、２の指は白鍵、右手の２、３、４は黒鍵、クロスハンドでどんどん上へ↗！　上までいったら下へ↘いきましょう！

2　次は、半音上のド＃から全音音階をつくってみましょう！　つづきを書いてね！

左手３、２で黒鍵、右手の２、３、４、５の指は白鍵で、クロスハンドで↗↘弾きましょう。

3　全音音階には〈黒鍵３＋白鍵３〉と〈黒鍵２＋白鍵４〉の２つがあります。鍵盤全体を使って、２つの全音音階を弾きましょう。ペダルを踏んでみよう！
どんな感じかな？

全音音階を感じるためには、開始音の全音上、その音の全音上、と一音ずつ音程を辿っていく必要がある。歌ってから演奏させるのは、全音の幅を実感させるため。特に４番目の増４度をしっかりと感じて歌うこと。全音音階は黒鍵３つと黒鍵２つをそれぞれ含む、２種類が存在することを教えよう。

長調の曲を、全音音階に変身させよう！

1 長音階の音を→の音に置きかえて、全音音階の曲に変身させる方法です。

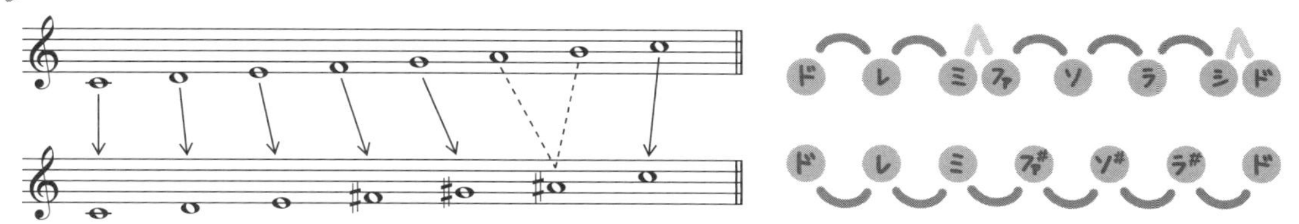

「ちょうちょ」のメロディを、全音音階に置きかえてみたよ！

2 『ピアノランド③』の「ピアノランドマーチ」が、『ピアノランド⑤』では「不思議の国のピアノランド」に変身しました。弾いてみましょう！

ピアノランドマーチ 『ピアノランド③』より

⬇ 全音音階に置きかえて変身！

⬇ 高さを変えて変身！

不思議の国のピアノランド 『ピアノランド⑤』より

3 みんなも好きなメロディを変身させてね！

聴き慣れた曲を怪しげな全音音階に置き換える方法を紹介。2 ハ長調の「ピアノランドマーチ」をドからの全音音階に、さらにミからの全音音階の曲に変身させた「不思議の国のピアノランド」の例。調号の位置にあるファソラの#は、全音音階であることを表している。

3 「オノマトペ」を全音音階で♫

1 レッスン1の「オノマトペ」を、全音音階にあてはめてみましょう！
たとえば……！ 「ペタペタ ポタポタ ふーわり」を、ジグザグ音型と跳躍を使ってメロディにしてみたよ♬

2 「ぽつり　ぽつり　ぽつり　ぽっつん　ぽっつん」を全音音階で弾いてみましょう！

3 では、オノマトペをつなげて、全音音階のメロディにしてみましょう！

+ +

レッスン1のオノマトペと相性がよいのが全音音階。1 ではオノマトペのイントネーションを音型に置き換える例を見て参考にしながら、2 では指定されたオノマトペで音型を考え、3 では自力でオノマトペからメロディを考える。自由であることを楽しめるよう、段階を踏んで引き出しを増やそう。

効果音の全音音階もいいね！

1 ずっと全音音階を使わなくても、一部だけ使うのもおもしろいから覚えてね。
たとえば「ぶんぶんぶん」の途中に効果音的に使うと、ハチに刺されたら怖いなっていう感じがしてきませんか？

ぶんぶんぶん

先生と片手ずつ、交代で弾いてみましょう。できる人は両手に挑戦してね！

2 好きな曲を弾いて、途中に全音音階を入れておもしろく変身させてみましょう。
２つの全音音階のうち、好きな方を使ってね。

3 ほかにも、いろんなルールを自分で考えて、全音音階で遊びましょう！
例１）全音音階の音を一個おきに弾いて、ペダルを踏む。
例２）曲の途中で、効果音的に、黒鍵３つを和音で弾く。
いろんなリズムで。

レッスン６のまとめ

全音音階は２種類。主役にも効果音にもなる、
印象的な音階だね！

全音音階だけの曲、調性音楽の一部で全音音階を使った曲もある。全音音階は２種類しかなくポジションが覚えやすいことから、即興やアドリブで多用される。ドビュッシーが愛用しているのは有名。『ピアノランド　スケール・モード・アルペジオ』参照。3 例１）で、増三和音を発見しよう。

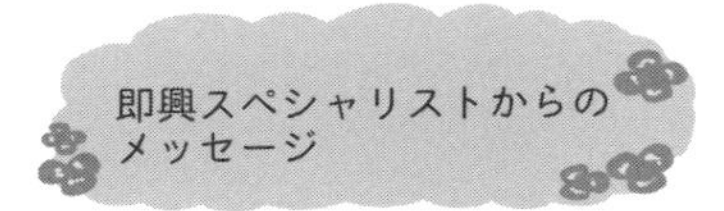

大友良英さん

誰でもできる、それが即興

――即興演奏は難しくない！

「即興演奏は難しい」って思ってる人が多いんじゃないかな。「楽譜がないと弾けません」と言われることが多いんだけど、難しく考える必要はまったくないんです。だって即興演奏のよさって、「これが正解」というのがない、そこなんだから。

何をやったっていい。もちろん楽器を壊したり他人に迷惑をかけるのはダメだけど、「間違い」というものはないんだから、僕はなんでも受け入れて楽しんでるよ。

そもそも、音楽ができない人間なんていない。実は僕も子どものころ音楽が苦手だと思ってたんだけど、たとえば野球の応援は誰だってできるでしょ？　あれだって立派な音楽。歩いてるときだって一定のテンポをキープして足を動かしてる。ほら、みんな普段からたくさん音楽してるんだよね。

――誰かと楽しむ即興

じゃあ、いざ誰かと即興演奏を楽しもう！っていうとき、どんなことが起こるか考えてみよう。当然「自分とは違う感覚を持った相手」と音楽をするんだから、びっくりするようなことが起こることだってあるし、どう対応したらよいか分からず不安になるかもしれない。でも、僕はそれがとてもエキサイティングなことだと感じているんだ。「相手がこんな音を出してきた。じゃあ僕はこうしたい！」とか、「これはアリだな、ナシだな」とか、お互いに刺激し合って生まれる音楽こそが、まさに即興演奏の醍醐味（だいごみ）と言えるんだから。

一人で即興演奏するときだってもちろんエキサイティング。僕の場合は、楽器を即興相手のように感じて演奏してるけど、ピアノでもギターでも、出てきた音に耳をすませて、その音にどう反応して次の音を生み出すか……そう考えていくと、一人での即興演奏もまた違った楽しみがあるんだ。

――音楽イコール生き方そのもの

即興演奏をしてると、自分の予想していなかったことがたくさん起こる。みんながいつも自分の望んだような音楽をしてくれるわけじゃないし、自分で思ったような音が出せないこともある。でも、僕たちは生きている限り、あらゆることに対して「どうしようか」って判断していて、相手と会話するときもごはんを食べるときも、いつでも何かしら即座に対応している。全部自分の思い通りにしようとしたって、相手があることだし上手くいくわけがない。即興演奏もそれとまったく同じなんだ。どんな状況になっても、「ここでどうするか」でその後どれだけいい時間が過ごせるかが決まってくる。つまり「どう生きるか」ということと即興演奏はストレートに結びついているんだよね。音楽イコール生き方そのもの、僕はそう思ってる。

大友良英
1959 年横浜生。十代を福島で過ごす。映画やテレビの音楽を山のように作りつつ、ノイズや即興の現場がホームの音楽家。ギタリスト、ターンテーブル奏者。活動は日本のみならず欧米、アジアと多方面にわたる。近年は「アンサンブルズ」の名のもとさまざまな人たちとのコラボレーションを軸に展示する音楽作品や特殊形態のコンサートを手がけると同時に、障害のある子どもたちとの音楽ワークショップや一般参加型のプロジェクトにも力をいれ、2011 年の東日本大震災を受け福島で様々な領域で活動をする人々とともにプロジェクト FUKUSHIMA! を立ち上げるなど、音楽におさまらない活動でも注目される。
2012 年、プロジェクト FUKUSHIMA ！の活動で芸術選奨文部科学大臣賞芸術振興部門を受賞、2013 年には「あまちゃん」の音楽他多岐にわたる活動で東京ドラマアウォード特別賞、レコード大賞作曲賞他数多くの賞を受賞している。2017 年札幌国際芸術祭の芸術監督を務める。2019 年 NHK 大河ドラマ「いだてん」の音楽を担当。

即興スペシャリストからのメッセージ

©Ashley Taylor

滝澤志野さん

「いまの気持ち」を表現してほしい

——コレペティってどんな仕事？

私はいま、ウィーン国立歌劇場バレエ団の専属ピアニストとして働いています。コレペティ（コレペティトゥア）とも呼ばれるのですが、実際には大きく分けて３つの役割をしています。

①本番でバレエ・ダンサーが踊る曲をリハーサルで弾く。オーケストラ曲をピアノで弾くだけではなく、その場の音楽監督のような役割もする。
②バレエ公演で、ピアノパートがある曲では、オーケストラピット※や舞台上で演奏する。
③バレエのレッスンで、その場で振りつけられる動きに合わせて即興的に演奏する。

この３つ目の即興演奏ですが、私は子どもの頃から自由に弾いたり曲を作ったりして遊ぶのが好きだったので、それの延長線という感覚で自然にできているのかなと思います。

——踊り手の心に寄り添う

バレエの稽古場では、振付に合うように、弾き方を変えていかなければいけません。また同時に、自分の演奏でダンサーをそのバレエの世界に連れて行ってあげなくてはなりません。そうなると、既成曲を使うよりも、その場で「こういう振り付けならこういうリズムが合うなあ」とか「もっと曲を盛り上げていきたい」などと自分で音を作っていくことになります。つまり臨機応変に対応しなくてはいけないのですね。ですが、このとき一番大事なことは、ダンサーの心に寄り添える「気持ち」を持っていることではないかと思います。即興演奏をすることで、音楽で会話するように相手の心にスッと寄り添って弾くことができるのです。

——音楽でつぶやく

即興演奏は「気持ちの発露（はつろ）」です。ちょっと難しい言葉ですが、つまり感情が表に溢れ出るということです。たとえば「この気持ちをどうしていいかわからないくらい苦しい」ようなとき、ピアノの前に座ってホワンとなにか音を出してみてください。出した音に癒されながら、つぎつぎと音が出てくるかもしれません。自分の気持ちを文章にしたり絵に描いたりするのと同じように、自分を音楽で表現するのはとてもすばらしいことです。

楽譜から離れてみるのは少し勇気のいることですが、やってみると新たな世界が開けるかもしれません。音楽は誰もが生みだすことのできる素敵なもの。もっと自由に自分を表現していってほしいと思います。

※舞台と客席の間に設けられたオーケストラの演奏場所

滝澤志野
大阪府出身。幼少よりピアノと作曲を学ぶ。桐朋学園大学短期大学部ピアノ専攻卒業、同学部専攻科修了。在学時よりオペラ及びバレエ伴奏に携わり、舞台芸術のコレペティを志す。2004 年より新国立劇場バレエ団契約ピアニストに、2011 年よりウィーン国立バレエ団専属ピアニストに就任。即興演奏を得意とし、バレエピアニストとしての専門性を深めながら、ウィーン国立歌劇場バレエ公演や各地のガラ公演において、バッハ、チャイコフスキー、モーツァルト、グリーグ、リスト等のピアノ協奏曲をウィーン国立歌劇場管弦楽団と共演する等、ソリストとしても研鑽を積んでいる。

レッスン
7 モードは不思議

長調でも短調でもない、半音階でも全音音階でもない、紀元前の大昔から使われていたモード（教会旋法）と言われる音列があり、今も使われています。

世界観を変える「モード」にひたってみよう！

調性に慣れた耳には“不思議な音楽”に聴こえるモード。漂うような独特の雰囲気があってステキです。よく使われるモードの曲の一部を聴いて、音列の特徴を知り、まねっこアドリブをしてみましょう。

1 次の曲を先生に弾いてもらいましょう。
美しく謎めいたドリアンモードの曲にひたってみましょう。

ドリアンボートに乗って 連弾組曲「小さな時間旅行」より第１曲

♪=120~135 **Calmato misterioso**

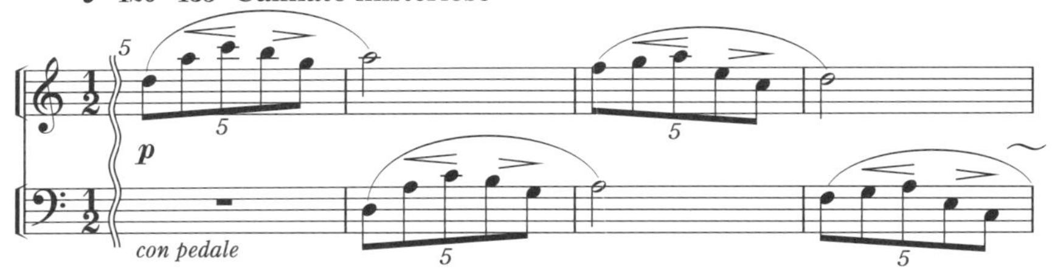

2 この曲は、ドリアンモードでできていて、中心となる中心音（★）と、モードの特徴音（○）を意識すると、雰囲気がよくわかります。

ドリアンモード

3 1 の曲の中心音と特徴音に 2 のように印をつけてみましょう。あなたも、「中心音」と「特徴音」を使って、ドリアンモードのメロディを歌ったり書いたり弾いたりしてね！

モードがなぜ不思議に感じられるかと言えば、機能和声を使わず、属七から主和音への解決がないから。それぞれのモードの特性を、連弾組曲集『時の旅』の子どものためのモード組曲「小さな時間旅行」の各曲でマスターしよう。まずはドリアンモードから。

雰囲気づくり フリジアン＆リディアンモード

1 ちょっぴりドキドキ、謎めいているフリジアンモードの雰囲気を味わってみよう。

フリジアンの罠 連弾組曲「小さな時間旅行」より第２曲

2 中心音、特徴音を覚えながらフリジアンモードを歌ってみましょう。
1 に★と○を書きこみメロディを歌って、まねっこアドリブをしてみましょう。

フリジアンモード

3 次は、明るく前向きで、ちょっとユーモアもあるリディアンモードを味わってね！

リディアンドールの家 連弾組曲「小さな時間旅行」より第３曲

4 2 のように、リディアンモードと仲良くなりましょう。↗↘やジグザグな動きも使ってアドリブしてみましょう。

リディアンモード

20世紀以降使われている旋法（モード）は、中世の教会旋法と同じギリシャの地名に由来する名前を持つが、当時とは異なる使われ方で、現代音楽、ジャズ、ポップス等でも使われている。フリジアンモードとリディアンモードの曲例で響きを味わい、名前を覚える。

3 人気のミクソリディアン＆エオリアンモード

1　第７音が魅力的なミクソリディアンモードの特徴にひたってね！

ミクソリディアンの活躍　連弾組曲「小さな時間旅行」より第４曲　※プリモのみ 10 小節

2　1 に中心音★、特徴音○を書きこみ、それらを使ったアドリブで遊びましょう。
中心音と特徴音を入れると、ミクソリディアンモードらしくなります。

ミクソリディアンモード

3　どこかなつかしいエオリアンモードは、自然短音階と同じ音列です。

なつかしいカノン　『ピアノランドコンサート㊥』より　※原曲は６手連弾。特徴音を使っていないモードの曲です。

4　エオリアンモードの中心音、特徴音を覚えてアドリブをしましょう。

エオリアンモード

『ピアノランド』シリーズでも使用している、親しみやすいミクソリディアンモード、エオリアンモード。
各モードの中心音、特徴音を覚えて、ドビュッシー、バルトーク、吉松隆他の近現代曲の響きを楽しもう。
『ピアノランド　スケール・モード・アルペジオ』のモードの曲例も参照。

4 ロクリアンモード&アイオニアンモード

1 ロクリアンモードはほとんど曲に使われませんが、紹介しておきます。

ロクリアンモード

2 アイオニアンモードは、みんながよく知っている、ハ長調の音階と同じですね!

アイオニアンモード

3 モードは、ジャズ、ポップス、クラシック、現代音楽、いろいろなジャンルでたくさん使われています。

モードのまとめ

黒鍵を含まないモードを紹介しましたが、実際は12半音階上に84のモードがあります。興味があったら『ピアノランド スケール・モード・アルペジオ』を開いてみてね!

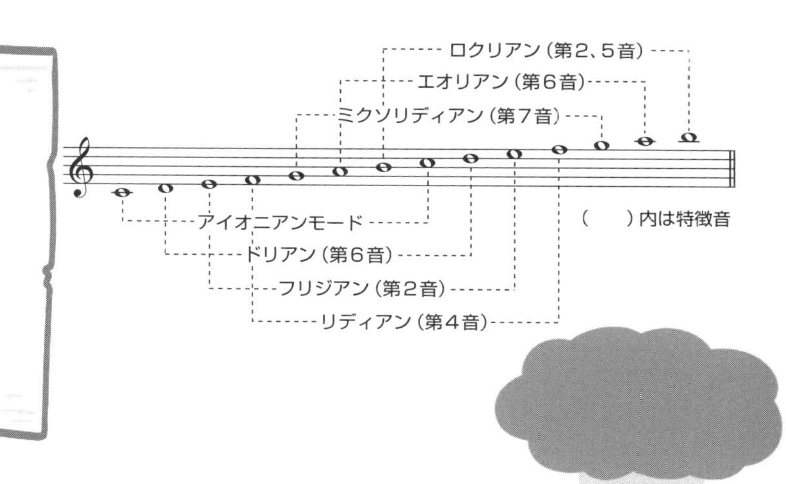

レッスン7のまとめ

モードって音楽の色がガラリと変わる、不思議な力があるんだね!

ロクリアンモード、アイオニアンモードまで7つのモード全てが登場。アイオニアンモードは長調と同じ音列でありながら、機能和声を使わないために、長調とはニュアンスが異なる。調性音楽とは全く異なる約束で成り立っている"モードの世界"を楽しもう。

レッスン 8 循環（じゅんかん）コードをつくろう

調性音楽でよく使われる循環コード。同じくり返しの心地よさがあり、気持ちよくメロディを乗せていける安心感があります。みんなも、自分の循環コードをつくってみよう！

1 ぐるぐる回るよ、循環コード

循環コードは、いくつかのコードを数小節を一回りとして、何度もくり返して使います。ジャンルを問わず使われるので、いろんなパターンを知って、あなたも使ってみましょう。

1 長調でよく使われる循環コードです。コードネームを言いながら、片手ずつ弾いてみましょう。

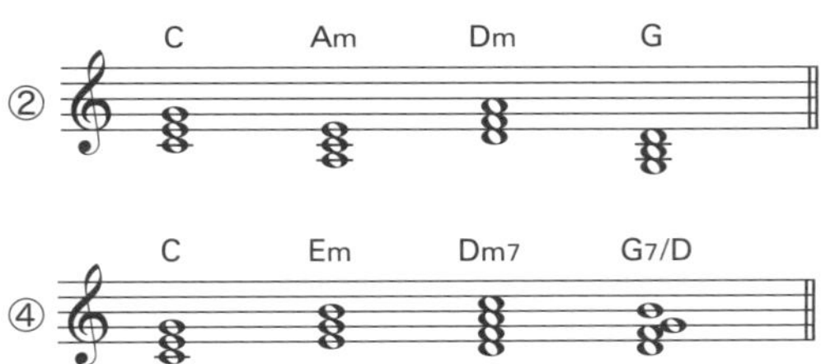

2 短調でよく使われる循環コードを弾いてみましょう。どれが好きですか？

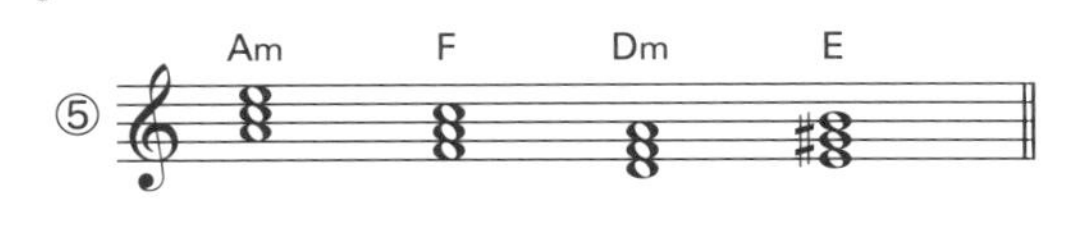

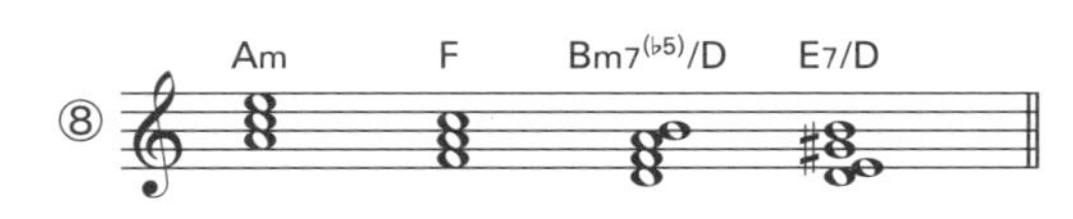

循環コードにはどんなものがあるかを知るため、1 長調でよく使われるもの、2 短調でよく使われるものを、コードネームで把握する。密集形で表したので、片手で演奏してコードの流れを確認する。慣れたら、コードネームだけを見て弾けるようにしよう。

2 循環コードを弾いてみよう！

1 左のページの循環コードを、いろんなつかみ方で弾いてみましょう。調子が出てきたら、鼻歌を歌ったり、思いついた音を弾いたりしましょう。

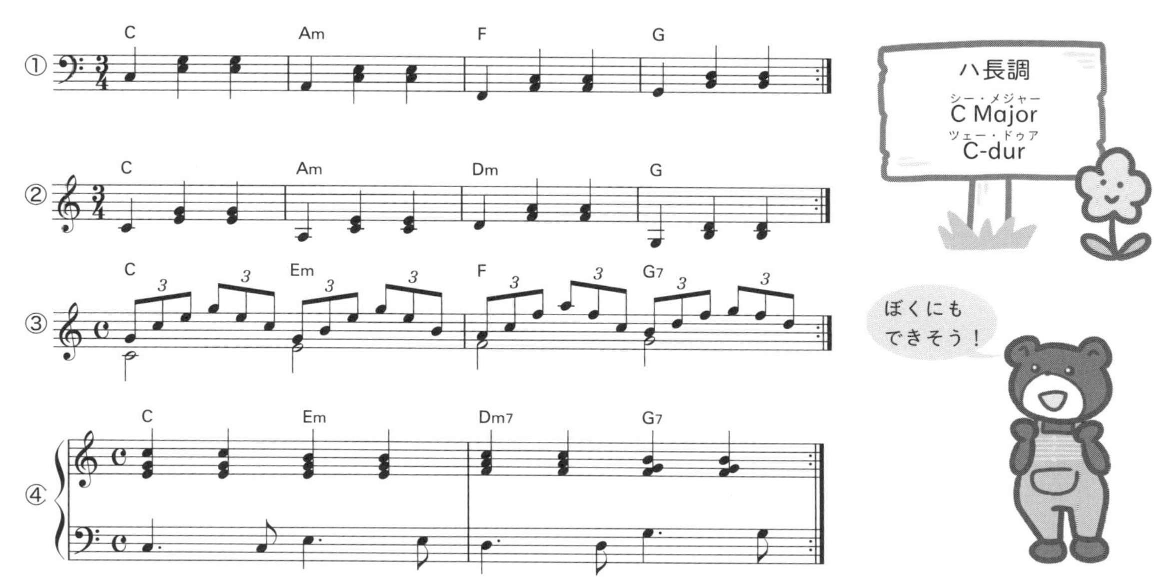

2 短調も同じように、いろんな例を弾いてアドリブに挑戦しましょう。

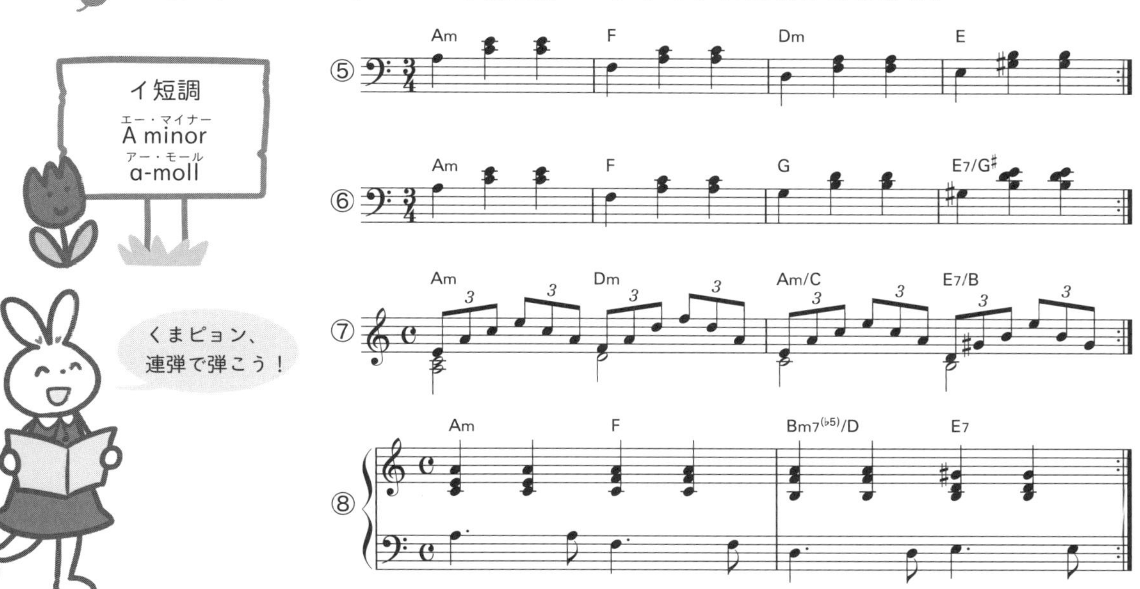

1で例に挙げた循環コードを、よく使われる伴奏形で練習する。コードのつかみ方の例として、左手の伴奏形、両手奏のパターンも。循環コードの繰り返しが心地よくなってきたら、鼻歌でアドリブを口ずさむ、演奏する、連弾や合奏をする等、楽しもう。

3 循環コードはつくれるの？

1 好きなようにコードを並べてくり返せば、循環コードのできあがり！
よくある循環コードでも、個性的な組み合わせでも OK！　コードネームのパターンを書いて、くり返し演奏してみましょう。

2 思い浮かばないときは、次のヒントを見て、循環コードを考えてみましょう！

①調を決めて、主和音から始める　（　　　調）
②何小節パターンにするか決める　（　　　小節パターン）
③拍子を決める　（　　／　　拍子）
④リピート前の属七のコードは？　（　　　　）
⑤ベースラインを考える　（　　　　　　　　）
⑥コードをつけてみる　（　　　　　　　　）

たとえば、こんな循環コードもできますよ。調はヘ短調、くり返す小節数は 4 小節パターン、拍子は 2/4 拍子、属七のコードは C7、ベースラインはファ ラ♭ ソ ド、コード進行は Fm ｜ Fm/A ♭ ｜ C7/G ｜ C7。

様々なコードで循環コードを作ってみよう。うまくいかないときには、手順を踏んで作ってみる。よくあるコード進行もいいけれど、個性的な自分だけのコード進行を繰り返すのも楽しい。連弾で、コードとアドリブ担当を入れ替えて楽しもう。

あなたの循環コードでアドリブを！

1. 自分で考えた循環コードにアドリブをつけてみましょう。くり返すうちに、気持ちよく口ずさめるメロディが浮かんできたら、それが「アドリブの芽」ですから大切にしましょう♡

2. アドリブというと「音を動かさなくちゃ！」とあせって、意味のない音を次々に鳴らしてしまうことがありますが、大切なのはコードの響きに耳をすませて、落ち着いて聴くことです。p.14 のレッスン３「コードの響き」を思い出しましょう。

3. どうしても浮かばないときは、循環コードで使われている音の「共通音」を選んで、その音だけで遊んでみましょう！
p.38 の Fm の循環コードの共通音は「ド」。「ド」１音だけを使って、たとえばこんなアドリブができますよ。連弾してみましょう！

「ド」だけでアドリブをする例

１曲丸ごと「C Am F G」を繰り返す『ピアノランド⑤』の「きょうりゅうのパレード」も参考に。余裕があれば、「C C#dim7 Dm G7」「C Caug Dm7 G7」の進行や、ブルース進行（12 小節パターン、世界共通）にも触れよう。３は循環コードに含まれる共通音の上手な使い方。

レッスン 9 リズムでキメる！

「自由に弾いていいよ」と言われても、急には音楽が浮かんでこないとき、リズムから考えてみる方法があります。

1 リズムに乗って、ふふふ〜ん♫

メロディ
リズム
ハーモニー

音楽には、メロディ、リズム、ハーモニーという三要素があります。いよいよリズムです！

1 まず、このリズムをたたいてみましょう。

これは何の曲のリズムでしょう？
そうです、「ちょうちょ」「チューリップ」、応援などでもよく使われるリズムですね！

2 このリズムで何かメロディを考えてみましょう。気に入ったメロディが思い浮かんだら、メモしましょう。たとえば、

音楽の三要素の一つ、リズムにスポットを当てる。よくあるリズムを元に、音の高さを当てはめていくゲーム。リズムを先に決めておくと、驚くほど簡単にメロディが口ずさめる。アドリブの敷居を下げて、どんどんアイディアを出し、自信をつけていこう。

2 自分で考えたリズム

1 自分でリズムを考えて書いてみましょう。

2 1 のリズムに合わせて、メロディを歌ったり、弾いたりしてみましょう！

どんなリズムにする～？

元となるリズムを自分で考えるとさらに楽しめる。同じリズムでも、音の高さの変化でメロディが全く変わることを体験する。創作の喜びを味わうことを第一に、よいところをたくさん褒めよう。書き留めた中から自分で好きなものを選び、即興演奏や曲の素材としよう。

3 いろんなリズムでアドリブ！

いろんなリズムを使って、アドリブしてみよう！　リズムカードからリズムを選び、メロディのポイントとして使いましょう。

1 付点音符を使ったリズム

etc.

2 三連符と休符を使ったリズム

etc.

3 全音符と 8 分音符、16 分音符を使ったリズム

etc.

リズムの種類をいくつか決めてからアドリブをするゲーム。拍子は自由。音価や記譜の約束についても丁寧に確認しよう。このような見方をすると、既成の曲もまた違って見えてくる。さらに、どこかに「タイ」や「休符」を入れるゲームもおススメ。

4 コードも、リズムを決めて弾いてみる！

1 これまでに考えたリズムとメロディに、コードをつけてみましょう。コードのかたまりごと動くとおもしろい効果があります。たとえば 1 の 2をコードで弾くと……

2 応用編です。メロディ以外にも、コードの中の好きなラインを動かしてみましょう！

レッスン9のまとめ

先にリズムを決めて、落ち着いてアドリブをしよう。
あせらず、一つ一つ選んで楽しもう♪

アドリブに恐怖心のある人は、「何か弾かなくちゃ」というプレッシャーで余計な音を弾きがち。リズムを決めてから取り組む方法は、精神衛生上とてもよい。例は、ブロックコードの面白さと、ラインの美しい組み合わせの手本。リズムを元に楽しもう。

レッスン
10 気持ちをつたえよう♡

音楽で誰かに気持ちをつたえることができます。たとえば「おやすみ」は子守唄、「がんばれ〜！」は応援歌、「大好き」はラブソングなど。
さあ、音楽で「気持ち」をつたえましょう。

1 気持ちをつたえている曲を探そう

「ピアノランド」にも気持ちをつたえる曲がたくさんあります。たとえば次の曲を聴くと、どんな気持ちがつたわってきますか？

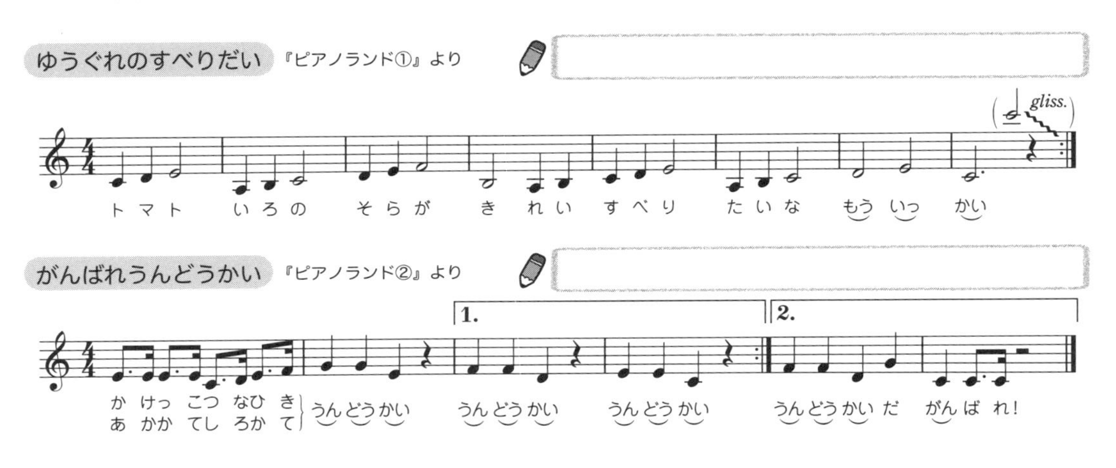

ウサコちゃんたちにはどんな風に「気持ち」がつたわったのかな？　ほかにも探してみましょう！

ゆうぐれのすべりだい

最後のグリッサンド、
すべり台みたい！

がんばれうんどうかい

付点音符のリズムって
ワクワクするね！

音楽から私たちは何を受け取っているのかを、考えるレッスン。その曲が表そうとしているものは何か、分析したり想像したりすることが大切。語彙の豊富さは音楽的な表現力へと繋がっていくので、短くても、感じたことを自分の言葉で表現する。

つたえたい気持ちを書いてみよう

あなたは、誰につたえたい？　たとえば身近な人、憧れの人、動物、家族かな？
それから、どんなことをつたえたい？「おはよう！」「大丈夫？」「楽しいね」とか？
誰が、誰に、何を、どんな風に、どんな音で、どんなリズムでつたえたいかを考えて、書いてみましょう！　たとえば、

誰が？	私が
誰に？	友達に（動物やぬいぐるみかも？）
何を？（つたえたいこと）	元気をだしてねと
どんな風に？	やさしく
どんな音で？	まーるい音で
どんなリズムで？	語りかけるように（長い音で）
つたえたい	演奏してみよう！

あなたのつたえたい気持ちを、ノートにもいっぱい書いてみよう！

誰が？	
誰に？	
何を？（つたえたいこと）	
どんな風に？	
どんな音で？	
どんなリズムで？	
つたえたい	

つたえたい気持ちを音にするには、いろんな可能性があります。歌詞にしてもいいし、メロディでもいいし、コードでもリズムでもいいのです。正解も間違いもありません。気楽にやってみましょう。

音楽はコミュニケーションでもある。誰かが曲に託した思いを、弾く人や聴く人は受け取ることができる。では、自分が発信する側になるときに、何を意識したらよいのかを考えるレッスン。「伝えたい気持ち」から音楽を考えよう。

想像力をふくらませて！

1 ワクワクするときは、どんな音を使ったらいいと思いますか？

“とびはねる”ように
スタッカートを

“楽しさ”を
長調で

“元気”に
和音を使う

思いついたら、それを音にしてみましょう！

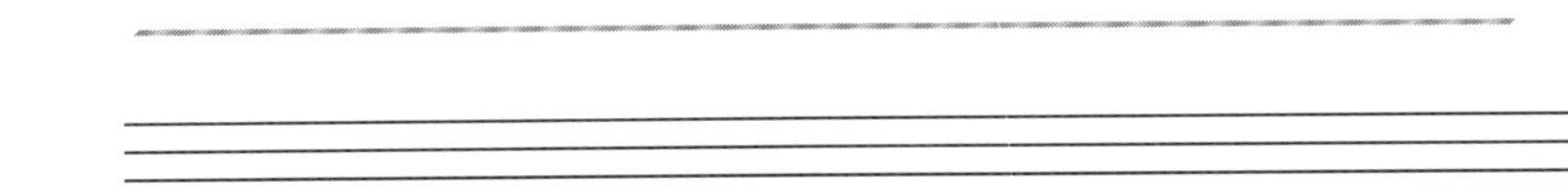

2 眠そうな赤ちゃんを寝かせつけたいときは？
どんな音がいいかな？

3 その場にぴったりな音の感じを想像することが大事ですね！
では、ほかにもつたえたいことを思い浮かべて、どんな音にするか考えてみましょう。

音型、強弱、テンポ、音色等の可能性は無限にある。表現したいことを、音楽上どう伝えるか、気持ちの動きに沿って考える。各人の考え方や個性が出る場面でもある。楽しい気持ちを短調で表すのももちろんOK。レッスンをヒントに、伝えたいことや自分らしい伝え方をみつけよう。

4 心のままにつたえる

1 この様子を、音楽にしてみましょう！

お母さんが
こどもに
「おはよう〜〜〜！」と
階段の下から呼びかけるように
よく通る声（音）で
目がさめるように
　　　演奏してみよう！

はじめはやさしかったけれど、だんだん大きな声になるかも？
「おはよ〜！」なのか「起きなさい！」なのか、いろんな朝の様子を想像してみましょう！

2 熱を出したウサコちゃんに、くまピョンが「元気になってね！」と音楽をプレゼントしています。どんな曲かな？　弾いてみてね！

レッスン10のまとめ

音楽で気持ちがつたわることがわかりましたね。
もっと感じて、もっとつたえて、もっと音楽しよう！

様々なシチュエーションに応じた、音楽での気持ちの伝え方について考えよう。即興やアドリブ、作曲の原動力は、「気持ちを伝えたい」というエネルギーである。それは、自分の思い、考え、感性などを肯定的に捉え、「個」の内面を育てるということでもある。

レッスン 11 変化はステキ

音楽は時間の芸術です。時間の経過の中で、さまざまな変化を楽しむものです。では、何を、どのように変化させて楽しみましょうか？

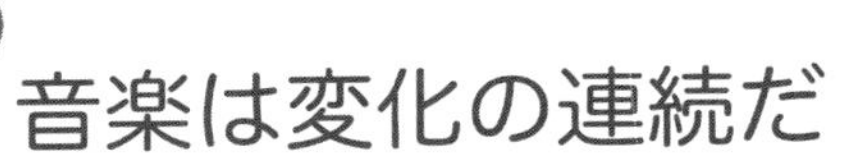

1 音楽は変化の連続だ

1 聴く人の耳を楽しませるために、作曲家はさまざまな変化をつけて音楽をつくります。いったいどんな変化があるか調べてみましょう。

どどどど どーなつ 『ピアノランド①』より

メロディは「ド」だけが並んでいます。音の高さも長さも同じですが、伴奏のコードが次々に変化していくことで、ドーナツを食べるワクワク感がつたわりますね。

2 次は、同じメロディで拍子を変化させる例も見てみましょう！

きょうりゅう組曲より「きょうりゅうのテーマ」「うかれたきょうりゅう」 『ピアノランド④』より

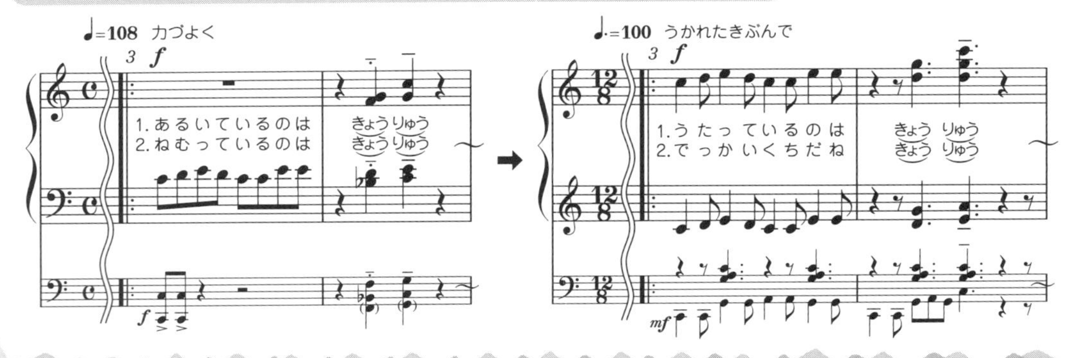

音楽は退屈を嫌い、変化を喜ぶ。メロディは「ド」だけ、ハーモニーは次々に変化する「どどどど どーなつ」。同じメロディが異なる拍子の中で違った魅力を発揮する「きょうりゅう組曲」。２つの手法を比較して、変化に着目しよう。

テンポ、音域、厚み、強弱の変化

イントロ、メロディ３カ所の変化を比較してみましょう。

ミステリーを追え　『ピアノランド⑤』より

イントロは、同じ音型をくり返しながらコードの変化を味わう

イントロはゆっくり、メロディからテンポアップ。曲中、メロディの音域がたびたび変わる。伴奏形も単音から和音へ厚みが増したり音域が変わったり。強弱も変化。それをいかに組み立て、いかに表現するかを考え、即興に役立てよう。

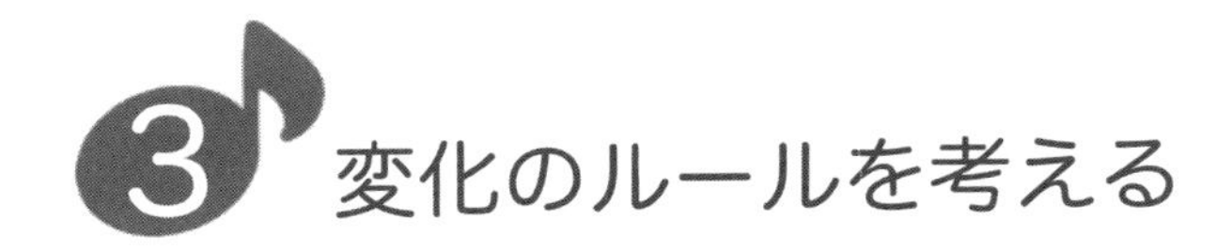

3 変化のルールを考える

自分で変化のルールを考えてみましょう。何でもよいのです。どんな変化を楽しみたいかを考えましょう。項目も自分で考え、次々に弾いて試してみよう！

まず、即興やアドリブ、作曲において、音楽の何を変化させたいか（変化させないかも）、プランを考えてみよう。“変化のルール決め”という発想からマンネリを防ぐことができる。意識的な流れを生み出し、さらに変化させていく練習。

4 拡大、縮小、さかさま、まねっこ！

音型を変化させる、代表的な方法をいくつかやってみよう！

1　みなみのしまのものがたり 『ピアノランド③』より　の1、2小節めの音型を 拡大 縮小 さかさま（反転） まねっこ（模倣） 変奏 する例を弾いてみましょう。

2　あなたの好きな音型を、この方法で変身させて遊びましょう！

反転

拡大

模倣

縮小

変奏

レッスン 11 のまとめ

音楽をステキに変化させて、楽しみましょう！
どんな変化にするかが、腕の見せどころです。

魅力的な音型を考える。それを美味しく料理する方法をたくさん持つ！ そのために、音型の拡大、縮小、反転、模倣を練習するレッスン。知識をアイディアの肥やしとできるよう、まずは実践することが大切。いつも変化を楽しんで。

12 合わせ技でいこう！

これまでのレッスンでは一つのテーマごとにじっくり体験してきましたが、最後に、その中のいくつかを組み合わせた「合わせ技」で即興演奏を楽しみましょう。

1 これまでのテーマを思い出してみよう

1 テーマごとに思い出したポイントを書きこんでいきましょう。

1 オノマトペ　様子を表す言葉を使って…

2 五音音階　5つの音を使って…

3 コード　コードの響きを聴いて…

4 アルペジオ　コードを分解して…

5 半音階　半音の鎖を使って…

6 全音音階　全音だけでできた…

7 モード　大昔から伝わる不思議な…

8 循環コード　同じコードをぐるぐる…

9 リズム　リズムを決めて…

10 気持ち　つたえたい気持ちは？

11 変化　何を変化させる？

2 あなたが気に入ったテーマ・ベスト3は？

1

2

3

1 組み合わせる前に、一つずつ振り返って記憶を整理して、2 学んだテーマから自分が好きなものを選び、即興演奏を様々にアレンジしていく方法について検討する下地作りをする。これまで沢山学んできたことを褒めながら、一つ一つを思い出して復習を。

2 テーマを組み合わせてみよう

1 前ページのテーマからいくつかを選んで、即興演奏のやり方を決めましょう。
「合わせ技」でさらに音楽は楽しくなります！　たとえば……

2 黒鍵だけの**五音音階**の↗↘＋付点音符の**リズム**で弾いてみましょう。

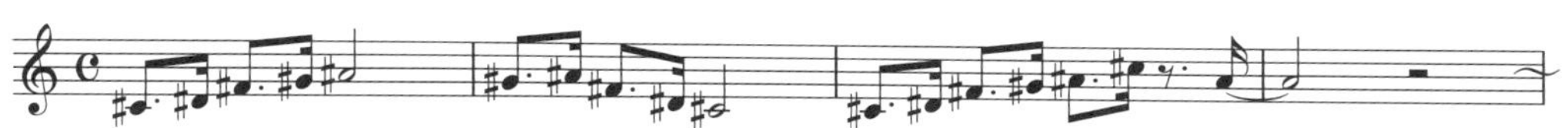

3 では、あなたも好きなテーマを選んで、自由に演奏してみましょう！

テーマ：

合わせ技の例 1 のイントロは全音音階（上行）＋半音階（下行）で調性不明、次からはガラリと変化（八長調）させている　2 では五音音階（黒鍵のみ）＋リズム（付点音符）で。1 2 とも、つづきを即興で演奏してみるとよい。3 では、各自が方針を考えて演奏する。

3 合わせ技をどんどん考えよう！

1 合わせ技は、一つずつ、時間差で加えていくのも楽しい。たとえば、ワクワクした気持ちを「クラーベ」のリズムパターンで手拍子に、それを循環コードで表現して、さらにメロディを乗せてみました。演奏してみましょう。

気持ち	夏休みが待ちきれないワクワク！
リズム	ラテンの「クラーベ」のリズム
循環コード	増えていくイメージで「C Caug C6」くり返し

2 ほかの要素も使って、別の合わせ技の例です。演奏してみましょう。

気持ち	雪が舞う美しい景色の中にいるように、聴く人に伝えたい
モード	ドリアンモードの不思議な響きで
コード	Dm の響きにひたってからイメージする
アルペジオ	凹凸の音型で
オノマトペ	ひらひらと雪が舞う様子

きれいだね♡

時間差による合わせ技も意識してみよう。 1 クラップだけ、コード追加、メロディの順番。 2 コードから生まれる気持ちを味わい、ドリアンモードで凸凹の音型で上行、オノマトペの「ひらひら」をイメージして凸凹で下行（クラップは手拍子、クラーベはラテンの１曲めのリズムパターンのこと）。

4 音楽は、素材の組み合わせでできている！

1 あなたの好きな曲を１曲選んで、楽譜を広げてみましょう。どんな素材がどんな風に組み合わさっているかな？　調性があるかないか、スケールの種類、どんなルールやアイディアで書かれているか、見つけられたらメモしてみましょう。

2 これまで学んだ要素を使って、どんな風に即興演奏をしてみたいか、書いてみましょう。使いたいテーマと内容を決めて、実際に弾いてみましょう！　演奏したらタイトルもつけてね！

レッスン 12 のまとめ

これまでのテーマを使った「合わせ技」で世界が広がりましたね。多くの芸術に触れ、音楽と人生を楽しみましょう！

『即興演奏 12 のとびら』のまとめ

古今東西の音楽は、どれもたくさんの素材の組み合わせでできています。その方法で、それぞれの音楽の「個性」が生まれます。これから、どんな曲を聴くときも、楽譜を見るときも、弾くときも、作曲者が選んだ素材やその使い方を観察、分析して、そのことをよりわかりやすく伝える演奏ができるようにしましょう。そうすれば、あなたが即興演奏をするとき、作曲をするとき、それらはすべて手本となり、あなたにアイディアを与えてくれるでしょう。

あなたらしい演奏、あなたらしい音楽が生まれるよう、あなたの音楽の世界が広がるようにと願いながら、この本を書きました。音楽は料理のようなもので、その可能性は無限に広がっています。

次のページは、あなた自身がつくっていってくださいね！ また、どこかでお会いしましょう！

樹原涼子

著者

樹原 涼子
きはら りょうこ

© 満田 聡

熊本市生まれ。武蔵野音楽大学卒業。ピアノメソッド「ピアノランド」シリーズ著者。ピアノ曲集『こころの小箱』『夢の中の夢』『やさしいまなざし』『風 巡る』、連弾組曲集『時の旅』等の作品で日本人作曲家として独自の境地を開く。音楽大学の特別講義、セミナー、コンサート他、全国各地で勉強会を主宰、ピアノ教育の発展に尽くしている。

クラシックからゲーム音楽までノンジャンルな活動をする一方、近著『耳を開く 聴きとり術 コード編』『ピアノランド　スケール・モード・アルペジオ』ではピアノ教育界に新たな音感教育とテクニックの融合を提案、全国に広がっている。

文化としてのピアノとピアノ音楽にスポットを当てた「樹原涼子と名器を巡る旅」シリーズ、樹原作品をピアニストが演奏する「《樹原涼子》を弾きたい シリーズ トーク＆コンサート」（ゲスト：宮谷理香、舘野泉、小原孝各氏）等の企画を各地で開催している。

著書に「ピアノを教えるってこと、習うってこと」（音楽之友社）、「樹原家の子育てーピアノランドと笑顔の毎日」（角川書店）、「ピアノを弾きたいあなたへ」（講談社＋α文庫）、「もっとピアノが好きになる！ 樹原涼子からあなたへ "贈る言葉" 300 選」（音楽之友社）他、楽譜、CD 等多数。

＊本書の感想をお知らせいただければ幸いです。
メール：info1@pianoland.co.jp
ツイッター：
ピアノランドメイト事務局 @pianolandmate
樹原涼子 @LiokoKihara
公式フェイスブックページ：
Facebook 内で検索 @LiokoKiharaOfficial

＊セミナー、勉強会、コンサート等の情報は
web ページをご覧ください。
公式 web ページ：http://pianoland.co.jp

＊本書のセミナー、勉強会、ワークショップ等
開催のご希望があればご連絡ください。

本書は、『ムジカノーヴァ』2018 年 5 月号から 1 年間連載されたものを軸に、大幅に加筆変更したものです。

即興演奏(そっきょうえんそう) 12 のとびら ～音楽(おんがく)をつくってみよう～
2019年8月10日　第1刷発行
2024年7月31日　第5刷発行

著者　樹原涼子
発行者　時枝 正
発行所　株式会社 音楽之友社
〒162-8716　東京都新宿区神楽坂 6-30
電話　03-3235-2111（代）
振替　00170-4-196250
https://www.ongakunotomo.co.jp/

装丁／本文デザイン／イラスト：トナカイ フサコ
楽譜浄書：鈴木典子
校正：小岱紀和子
印刷／製本：㈱平河工業社

乱丁・落丁本はお取り替えいたします。

Printed in Japan
ISBN978-4-276-14805-5 C1073